Elsbeth Gäumann/Sarah Wolfensberger

Die Zeit

Kernthemen des Sachunterrichts fächerübergreifend erschließen

2./3. Klasse

BRIGG Pädagogik

Gedruckt auf umweltbewusst gefertigtem, chlorfrei gebleichtem
und alterungsbeständigem Papier.

1. Auflage 2010
Nach den seit 2006 amtlich gültigen Regelungen der deutschen Rechtschreibung
© by Brigg Pädagogik Verlag GmbH, Augsburg
Alle Rechte vorbehalten.

Originalausgabe © 2005 elk *verlag* AG, CH-Winterthur, www.elkverlag.ch
Elsbeth Gäumann/Sarah Wolfensberger
Zeit

Illustrationen: Oliver Eger

ISBN 978-3-87101-**610**-3

www.brigg-paedagogik.de

INHALTSVERZEICHNIS

VORWORT

Liebe Kolleginnen und Kollegen,

in der Grundschule wird im Fach Mathematik das Ablesen der Uhrzeit und das Rechnen mit der Zeit eingeführt. Wir stellten fest, dass dieses Thema vielen Kindern Schwierigkeiten bereitet. Deshalb beschlossen wir, die Zeit nicht nur auf der mathematischen Ebene anzugehen, sondern auch den Bereich Mensch und Umwelt einzubeziehen.
Bei unserer Auseinandersetzung mit dem Thema stießen wir auf unzählige Texte, Gedichte und Lieder, die uns zu zahlreichen Ideen für diese Mappe inspirierten.
Besonders faszinierend war es für die Kinder, sich mit ihrer Säuglingszeit auseinanderzusetzen. Sie staunten, als sie bemerkten, was sie in der Zwischenzeit alles dazugelernt hatten.

Wir wünschen Ihnen und Ihrer Klasse viel Spaß bei der Arbeit und hoffen, dass Ihnen die Zeit nicht lange wird.

Elsbeth Gäumann
Sarah Wolfensberger

ERLÄUTERUNGEN

ICH ALS SÄUGLING	Beachten Sie bitte, ob Sie ein Adoptivkind in der Klasse haben. Ist dies der Fall, müssten Sie dieses Thema evtl. zuerst mit den Adoptiveltern besprechen.
WACHSEN BRAUCHT ZEIT	In einer Gruppenarbeit setzen sich die Kinder zuerst mit den Tieren auseinander und vergleichen erst an zweiter Stelle staunend mit dem Menschen. In den Lücken steht die gleiche Zeitangabe wie im unteren Tierteil.
DIE MONATE	Als Einführung in die Monate besprechen Sie mit den Kindern zuerst nur die Bilder. Dann legen diese die Karten in die richtige Reihenfolge. Erst dann kommt der Text dazu. Anschließend kann auch Memory gespielt werden. Die Bilder eignen sich hervorragend, um „Monatsgeschichten" zu schreiben.
DIE VIER JAHRESZEITEN	Werkideen: • In vier alte Fahrradfelgen farblich passende Stoffe und Gegenstände flechten. • Vier Bäume der Jahreszeit entsprechend als Collage gestalten.
WANDERDIKTAT ZU DEN MONATSNAMEN	Um die Eigenverantwortung der Kinder zu fördern, ist es sinnvoll, dass sie ab und zu ihre Arbeit selbst korrigieren können.
GEBURTSTAGSKALENDER	Die Kalenderseiten doppelseitig kopieren und in der Mitte auseinanderschneiden. Der Kalender kann dann zu einem DIN-A6-Heftchen gefalten werden.
DIE ENTSTEHUNG DES HEUTIGEN KALENDERS	Dieser Text ist nur für interessierte Schülerinnen und Schüler gedacht, da er eher schwierig ist.
DIE WOCHENTAGE	Schneiden Sie die Wochentage als Einführung in die einzelnen Buchstaben auseinander und die Kinder sollen, in kleinen Gruppen, daraus sinnvolle Namen zusammensetzen.
EXPERIMENT	Wachsen braucht seine Zeit. Die Kinder sollen dies an verschiedenen Pflanzen direkt erfahren.
KENNST DU DIE WOCHENTAGE	Vielleicht gibt es in Ihrem Zimmer eine Aufgabentafel? Sie ist bei dieser Aufgabe sehr hilfreich.
DER ABREISSKALENDER (GEDICHT)	Dieses Gedicht eignet sich sehr gut, um mit der Stimme zu variieren.
EIN TAG IM LEBEN VON CÄSAR KUNZ	Lassen Sie die Kinder einen eigenen „Tag im Leben von ..." oder einen solchen von einer bekannten Persönlichkeit schreiben.
EIN GANZER TAG HAT 24 STUNDEN	Es gibt keine allgemein richtigen Zeitangaben für die verwendeten Begriffe. Dies soll mit den Kindern besprochen werden. Wann beginnt für unser Gefühl im Sommer die Nacht, wann im Winter? Was hat die Sommer- bzw. Winterzeit für einen Einfluss?
UHRZEITEN (VORLAGEBLATT)	Es ist für die Kinder schwierig, die Zeiger richtig in die Uhren zu zeichnen. Erklären Sie ihnen, wie wichtig es ist, dass die Zeiger unterschiedlich lang sind.
KARTENSPIEL	Die Zeit (Best.-Nr. Z4150)

Elsbeth Gäumann/Sarah Wolfensberger: Die Zeit · 2./3. Klasse · Best.-Nr. 610 · © Brigg Pädagogik Verlag GmbH, Augsburg

Wortstammbaum

Schreibe Wörter zum Wortstamm Zeit auf.
*Suche Wörter für die Äste. Beachte: In jedem Wort muss **Zeit** oder **zeit** vorkommen (Bsp. die Stein**zeit**, **zeit**gleich, **Zeit**messung, ...).*
Benutze dazu Wörterbücher und Lexika und frage deine Eltern.

Findest du noch mehr Wörter? Schreibe auf.

Elsbeth Gäumann/Sarah Wolfensberger: Die Zeit · 2./3. Klasse · Best.-Nr. 610 · © Brigg Pädagogik Verlag GmbH, Augsburg

Die Zeit vergeht

Die Zeit vergeht. Besonders gut siehst du das an deiner eigenen Entwicklung. Vor langer Zeit warst du noch ein winziger Säugling. Du bist gewachsen und wurdest ein Kleinkind. Jetzt bist du ein Kind und in ein paar Jahren sieht man in dir eine Jugendliche oder einen Jugendlichen. Mit 18 Jahren bist du erwachsen. Du triffst immer mehr eigene Entscheidungen. Du wählst einen Beruf aus, an dem du Freude hast. Vielleicht heiratest du und gründest eine eigene Familie. Du arbeitest viele Jahre. Du wirst älter und älter, deine Kräfte lassen langsam nach. Du gehörst nun zu den Seniorinnen und Senioren. Wenn du weiße Haare hast und gebückt läufst, nennt man dich eine Greisin oder einen Greis.

Suche zu den unten stehenden Bezeichnungen passende Bilder.
Besonders gut geeignet dafür sind Zeitschriften und Kataloge.
Schneide Bilder aus und klebe sie in der richtigen Reihenfolge untereinander auf ein Blatt.
Schneide die unten stehenden Stichwörter aus und klebe sie neben die passenden Bilder.

Greisin Greis	*Kleinkind*
Säugling	*Kind*
	Erwachsene Erwachsener
Seniorin Senior	*Jugendliche Jugendlicher*

Elsbeth Gäumann/Sarah Wolfensberger: Die Zeit · 2./3. Klasse · Best.-Nr. 610 · © Brigg Pädagogik Verlag GmbH, Augsburg

Ich als Säugling

Wie warst du als Säugling?

Dazu interviewst du am besten deine Eltern oder Großeltern.

Formuliere mit einem anderen Kind Fragen, die dich interessieren (Geburt, Essen, Schlafen, Sprache, ...).

Schreibe diese Fragen auf und zeige sie deiner Lehrerin oder deinem Lehrer.

Stelle nun deine Fragen deinen Eltern und schreibe die Antworten auf.

Hier kannst du ein Baby-foto von dir einkleben.

Geburt:
_____

_____

_____

_____

_____

_____

_____

_____

_____

_____

Du hast nun viel über dich erfahren.
Verwende die Antworten, wenn du nun einen Text über dich schreibst.

Elsbeth Gäumann/Sarah Wolfensberger: Die Zeit · 2./3. Klasse · Best.-Nr. 610 · © Brigg Pädagogik Verlag GmbH, Augsburg

Wachsen braucht Zeit

Lies den Text sorgfältig durch. Hier fehlt etwas. Schreibe die richtigen Zeitangaben in die Lücken.
Schreibe den Titel auf ein Blatt. Schneide nun die Abschnitte auseinander und klebe sie in der richtigen Reihenfolge auf.
Falls du möchtest, male zu den Abschnitten passende Bilder.

Wenn das Kind _____ alt ist,
möchte es alles allein tun.
Aber es kann noch nicht für sich selbst sorgen.
Wenn der Eisbär fünf Jahre alt ist,
dann ist er groß und stark und die Seehunde fliehen vor ihm.
Der Bär ist erwachsen.

Wenn das Kind _____ alt ist,
kann es gerade erst sitzen.
Es spielt mit dem Ball und der Rassel und
horcht schon auf die Wörter, wenn man mit ihm spricht.
Wenn der Igel sechs Monate alt ist,
läuft er durchs Gebüsch und sucht sein Futter.
Er ist erwachsen.

Wenn das Kind _____ alt ist,
kann es schon fast alles sagen.
Es lernt, mit anderen Kindern zu spielen.
Wenn die Kuh drei Jahre alt ist,
hat sie schon selbst wieder ein Kälbchen.
Sie ist längst erwachsen.

Wenn das Kind _____ alt ist,
kann es stehen.
Es hopst und kräht und versucht schon, Wörter zu sprechen.
Wenn der Hase neun Monate alt ist,
rennt er durchs Feld und der Fuchs erwischt ihn nicht.
Der Hase ist erwachsen.

Elsbeth Gäumann/Sarah Wolfensberger: Die Zeit · 2./3. Klasse · Best.-Nr. 610 · © Brigg Pädagogik Verlag GmbH, Augsburg

Wenn das Kind _____ alt ist,
spielt es im Sandkasten.
Jetzt kann es laufen und sprechen und allein essen.
Wenn der Hund zwei Jahre alt ist,
bewacht er das Haus.
Er ist erwachsen.

Wenn das kleine Kind _____ alt ist,
muss es immer noch im Bett liegen und gefüttert werden.
Es schläft fast den ganzen Tag.
Es kann aber schon lächeln und greifen,
es dreht den Kopf und sieht sich um.
Wenn die Schwalbe drei Monate alt ist,
fliegt sie schon über die hohen Berge und das Meer nach Afrika.
Sie ist erwachsen.

Wenn das Kind _____ alt ist,
kann es ein bisschen laufen und sprechen.
Aber es ist noch tapsig und fällt immer wieder hin.
Wenn die Katze ein Jahr alt ist,
spaziert sie übers Dach.
Sie ist erwachsen.

Wenn das Kind _____ alt ist,
kann es sich alleine anziehen.
Es kann auch schon einkaufen gehen.
Wenn das Pferd vier Jahre alt ist,
trägt es den Reiter und springt über den breiten Graben.
Es ist erwachsen.

Ursula Wölfel

Elsbeth Gäumann/Sarah Wolfensberger: Die Zeit · 2./3. Klasse · Best.-Nr. 610 · © Brigg Pädagogik Verlag GmbH, Augsburg

Geschwind wie der Wind

Weil das kleine Mädchen von nebenan
nie etwas geduldig erwarten kann,
hat es neulich an der Uhr gedreht,
dass sie schneller geht.

Nach zwanzig Minuten war es soweit:
Beim kleinen Mädchen war Weihnachtszeit.

Es drehte weiter, und einszweidrei
war der Sommer da, zog der Herbst schon vorbei.
Es drehte schneller und schaffte sogar,
dass bis mittags sechsmal Geburtstag war.

Das Mädchen saß da und drehte bloß.
Gegen Abend war es erwachsen und groß.
Es hatte ein Haus, einen Mann und ein Kind.
Die Zeit verging, geschwind wie der Wind.

Ehe alles zu Ende war, drehte zum Glück
das kleine Mädchen die Uhr schnell zurück.

Margret Rettich

Lerne das Gedicht auswendig. Trage es deiner Klasse lebendig vor.

Elsbeth Gäumann/Sarah Wolfensberger: Die Zeit · 2./3. Klasse · Best.-Nr. 610 · © Brigg Pädagogik Verlag GmbH, Augsburg

So war es 1939

Lies den Text sorgfältig durch. Vergleiche die Aussagen mit heute.
Verändere ihn so, dass er für deine Klasse stimmt.
Verwende dazu die Gegenwartsformen.

Liebe Schülerinnen und Schüler,

die 3. Klasse besuchte ich 1939 im Schulhaus Bunt in Wattwil. Alle 50 Kinder der 1. bis 8. Klasse waren im gleichen Zimmer. Zu Beginn standen wir auf, sagten alle zusammen „Guten Morgen, Herr Lehrer" und sprachen ein Gebet. Die Schule begann für die Kinder ab der 3. Klasse um 8 Uhr, für die Kinder der 1. und 2. Klasse um 9 Uhr. Der Unterricht dauerte bis 12 Uhr, begann wieder um 13 Uhr und endete um 16 Uhr mit dem Schlussgebet. Nur am Samstag hatten wir am Nachmittag frei, sonst gab es keinen freien Nachmittag.

Der Lehrer unterrichtete alle Fächer. Während die Mädchen Handarbeit hatten, durften die Knaben turnen. Wir Mädchen turnten nur einmal pro Halbjahr, bevor wir die Zeugnisse bekamen. So konnte der Lehrer die Noten machen. In einem kleinen Vorraum standen viele Turnschuhe in allen Größen. Hier suchten wir uns für diese einzelnen Stunden ein passendes Paar aus. Geturnt wurde dann in den Röcken.

Wir bekamen ein Lesebuch und ab der 3. Klasse ein zusätzliches Buch für die biblische Geschichte. Wir schrieben hauptsächlich auf Schiefertafeln. Ab der 4. Klasse bekamen wir Hefte und mussten mit der Feder schreiben. Das „Tintenfass" war in der Schulbank eingelassen.

Einmal im Monat kontrollierte der Lehrer, ob alle ein sauberes Taschentuch hatten. Bei Ungehorsam oder Tintenflecken bekamen wir „Tatzen", das heißt, der Lehrer schlug mit dem Lineal auf die Hände, gab Ohrfeigen oder zog die Mädchen an den Zöpfen.

Im Schulzimmer gab es eine Wandtafel, eine Tafel mit Zahlen und eine Deutschlandkarte. Mit diesen Zahlen rechnete jede Klasse. Die Kinder der 1. Klasse addierten, jene der 2. Klasse multiplizierten und die oberen Klassen addierten einfach zwei oder drei Zahlen zusammen. Andere Geräte gab es nicht. Heute ist bestimmt alles ganz anders, oder?

Herzlich grüßt euch
Helen Meier

Auszug aus der Schulordnung

Versuche den Text zu lesen.
Lies anschließend deine aktuelle Hausordnung durch.
Schreibe unter die Titel „Das ist gleich geblieben" und „Das hat sich verändert" mindestens fünf Beispiele auf.

Es dürfen keine Papierschnipsel, Obstreste etc. am Boden liegen. Alles Derartige ist gleich in den Papierkorb zu tragen. Niemand darf auf den Boden spucken.

Eine Viertelstunde vor Beginn der Schule öffnet der Lehrer das Schulzimmer und bleibt zur Aufsicht in demselben. Nach ihm treten die Kinder ein. Dabei hat er darauf zu achten:

a) dass die Kinder ihre Schuhe gehörig reinigen;

b) dass sie ihre Regenschirme im Schirmständer abstellen;

c) dass jeder seinen Hut und Mantel an den ihm bestimmten Haken aufhängt;

d) dass jedes Kind laut grüßt;

e) dass sie an ihren Platz gehen, ihre Schulsachen auf das Brett unter der Schulbank legen und ruhig bleiben oder sich anständig unterhalten;

f) dass die Kinder Gesicht, Ohren, Hals und Hände rein gewaschen und die Haare gekämmt haben. Auch schmutzige Kleider sind nicht zu dulden;

g) Esswaren haben die Kinder in den Taschen ihrer Mäntel zu lassen oder dem Lehrer bis zur großen Pause zur Aufbewahrung zu geben.

Der Unterricht beginnt erst, wenn alle Schüler ruhig und aufmerksam sind. Die Kinder haben die Normalstellung (angelehnt, Hände auf den Tisch) ohne Befehl anzunehmen. Geschieht dies nicht, so soll ein Wink, ein leises Klopfen auf den Tisch oder der ruhige Befehl „Achtung!" genügen, um die ganze Schulordnung sofort herzustellen. Vormittags und nachmittags wird fünf Minuten vor dem letzten Stundengong der Unterricht geschlossen, die Lehrmittel werden unter die Bank geschoben, der Namensaufruf erfolgt und mit Gebet, abends auch mit Gesang, wird die Schule geschlossen. Der Lehrer sagt seinen Abschiedsgruß und die Kinder erwidern im Chor: „Lebet wohl, Herr Lehrer!"

Elsbeth Gäumann/Sarah Wolfensberger: Die Zeit · 2./3. Klasse · Best.-Nr. 610 · © Brigg Pädagogik Verlag GmbH, Augsburg

Die Monate

Schreibe die richtigen Monate in die Kärtchen.

_____ Das Jahr beginnt mit diesem Monat. Draußen ist es bitterkalt. Überall liegt Schnee. Am Futterbrett beobachten wir Vögel.	
_____ Im kürzesten Monat vergnügen sich Groß und Klein auf Schlitten und Skiern im Schnee. Für den Fasching werden Masken gebastelt und Kostüme genäht.	
_____ In diesem Monat erwacht der Frühling. Wir entdecken die Schneeglöckchen und Krokusse. Die ersten Vögel kehren aus dem Süden zurück.	
_____ Kein Monat ist so launenhaft. Das Wetter macht, was es will. Es bringt Regen, Schnee und Sonnenschein oft an einem Tag.	

Elsbeth Gäumann/Sarah Wolfensberger: Die Zeit · 2./3. Klasse · Best.-Nr. 610 · © Brigg Pädagogik Verlag GmbH, Augsburg

Die Monate

Schreibe die richtigen Monate in die Kärtchen.

_____ Obstbäume und Hecken be- ginnen zu blühen und locken Bienen und Hummeln an. Die Natur erstrahlt in verschiedensten Grüntönen.	
_____ Schmetterlinge gaukeln durch die Luft. Wir naschen die ersten Kirschen. Wir genießen den längsten Tag des Jahres.	
_____ Es ist Hochsommer. Sonnenblumen, Weizenfelder und Raps tauchen die Natur in Gelbtöne. Es ist heiß und wir baden sehr gerne.	
_____ Die Zeit der großen Ferien und der weiten Reisen ist gekommen. Wir freuen uns auf den Urlaub.	

Elsbeth Gäumann/Sarah Wolfensberger: Die Zeit · 2./3. Klasse · Best.-Nr. 610 · © Brigg Pädagogik Verlag GmbH, Augsburg

Die Monate

Schreibe die richtigen Monate in die Kärtchen.

_____ Dies ist die Zeit der Ernte. Aus Äpfeln und Birnen wird frischer Saft gepresst. Die Zugvögel sammeln sich für den Weg in den Süden. Es ist Herbst geworden.	
_____ Bunt leuchten die Wälder. Die Winzer schneiden die Trauben ab und die Kinder lassen farbenfrohe Drachen steigen.	
_____ Regen, Nebel und Stürme bestimmen diesen Monat. Schwarz und kahl stehen die Bäume da. Die Siebenschläfer sinken in den Winterschlaf.	
_____ Die Kinder freuen sich auf den Nikolaus. An Weihnachten feiern wir die Geburt von Jesus und ein paar Tage später geht das Jahr zu Ende.	

Elsbeth Gäumann/Sarah Wolfensberger: Die Zeit · 2./3. Klasse · Best.-Nr. 610 · © Brigg Pädagogik Verlag GmbH, Augsburg

Die vier Jahreszeiten

Frühling, Sommer, Herbst und Winter.

Schreibe jeweils einen Jahreszeitennamen als Titel.
Darunter malst du ein passendes Bild. Welche Monate gehören zu
welcher Jahreszeit? Schreibe sie in die Kästchen.

 Elsbeth Gäumann/Sarah Wolfensberger: Die Zeit · 2./3. Klasse · Best.-Nr. 610 · © Brigg Pädagogik Verlag GmbH, Augsburg

Ich lieb' den Frühling

2. Ich lieb' den Sommer, ich lieb' den Sand, das Meer,
Sandburgen bauen und keinen Regen mehr.
Eis essen, Sonnenschein, so soll's immer sein.

3. Ich lieb' die Herbstzeit, stürmt's auf dem Stoppelfeld.
Drachen, die steigen, hoch in das Himmelszelt.
Bunte Blätter fallen von dem Baum herab.

4. Ich lieb' den Winter, wenn es dann endlich schneit,
hol ich den Schlitten, denn es ist Winterszeit.
Schneemann bau'n und Rodeln gehen, ja das find ich schön.

Elsbeth Gäumann/Sarah Wolfensberger: Die Zeit · 2./3. Klasse · Best.-Nr. 610 · © Brigg Pädagogik Verlag GmbH, Augsburg

Wanderdiktat zu den Monatsnamen

Lies die folgenden Sätze. Da stimmt doch etwas nicht. Nummeriere die Sätze in der richtigen Reihenfolge, beginne mit dem Januar = 1. Korrigiere selbst mit dem Lösungsblatt. Lege nun die Sätze mindestens 6 Schritte von dir entfernt ab und schreibe die Sätze der Reihe nach als Wanderdiktat. Beginne also mit Satz Nummer 1.

____ Im November ist oft stürmisches Wetter.
____ Die Sommerferien beginnen im Juli.
____ Im Dezember freut ihr euch auf Weihnachten.
____ Der Februar hat nur 28 Tage.
____ Die Blätter färben sich im Oktober bunt.
____ Im April ist das Wetter wechselhaft.
____ Die ersten Äpfel pflückt man im September.
____ Im Juni ist Kirschenzeit.
____ Das Jahr beginnt mit dem Monat Januar.
____ Die prächtigsten Blütenbäume siehst du im Mai.
____ Der August ist ein sehr heißer Monat.
____ Die ersten Blumen blühen im März.

Elsbeth Gäumann/Sarah Wolfensberger: Die Zeit · 2./3. Klasse · Best.-Nr. 610 · © Brigg Pädagogik Verlag GmbH, Augsburg

Die Monatsnamen

Suche alle Monatsnamen und unterstreiche sie mit einem gelben Farbstift.

Male nun die Felder der Frühlingsmonate braun, der Sommermonate grün, der Herbstmonate rot und der Wintermonate orange aus.

Schreibe die Monatsnamen in der richtigen Reihenfolge auf die Rückseite. Beginne mit dem Januar.

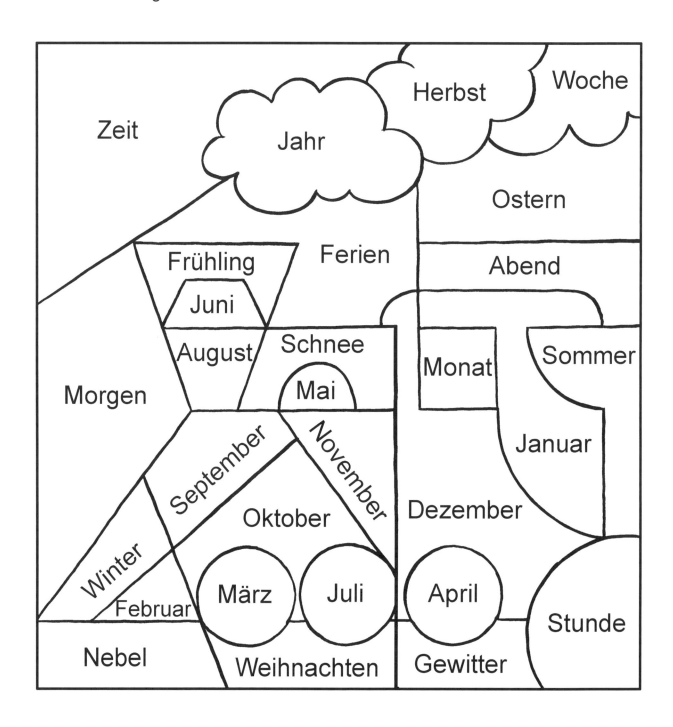

 Elsbeth Gäumann/Sarah Wolfensberger: Die Zeit · 2./3. Klasse · Best.-Nr. 610 · © Brigg Pädagogik Verlag GmbH, Augsburg

Wie viele Tage hat der Monat?

Nicht jeder Monat hat gleich viele Tage. Der Februar ist der einzige Monat, der nur 28 oder 29 Tage hat. Die anderen haben 30 oder 31 Tage. Damit du immer weißt, wie lange ein Monat dauert, lernst du hier einen Trick dazu.

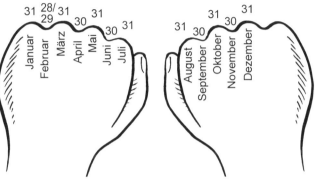

Balle deine Hände zu Fäusten. Mithilfe der Zeichnung kannst du nun feststellen, wie viele Tage jeder Monat hat.

Schreibe nun die Monate der Reihe nach auf und notiere dazu die richtige Anzahl der Tage.

		Tage		
		Tage oder		Tage
		Tage		
		Tage		
		Tage		
		Tage		
		Tage		
		Tage		
		Tage		
		Tage		
		Tage		
		Tage		

Elsbeth Gäumann/Sarah Wolfensberger: Die Zeit · 2./3. Klasse · Best.-Nr. 610 · © Brigg Pädagogik Verlag GmbH, Augsburg

Abkürzungen zum Kalender

Schreibe die passenden Monatsnamen auf die Linien.

Der 2. Monat im Jahr ist der	Februar.
Der 12. Monat ist der	
Der 1. Monat ist der	
Der 9. Monat ist der	
Der 3. Monat ist der	
Der 7. Monat ist der	
Der 10. Monat ist der	
Der 5. Monat ist der	
Der 8. Monat ist der	
Der 4. Monat ist der	
Der 6. Monat ist der	
Der 11. Monat ist der	

Der 2.6. ist der	2. Juni.
Der 14.5. ist der	
Der 18.1. ist der	
Der 4.12. ist der	
Der 27.11. ist der	
Der 2.9. ist der	

Elsbeth Gäumann/Sarah Wolfensberger: Die Zeit · 2./3. Klasse · Best.-Nr. 610 · © Brigg Pädagogik Verlag GmbH, Augsburg

Die Entstehung des heutigen Kalenders

In diesem Text erfährst du, wie der heutige Kalender entstanden ist.

Schon die Urmenschen erlebten die Jahreszeiten. Sie kannten Tag und Nacht und beobachteten, dass sich der Mond regelmäßig veränderte.

Viel später merkten die Menschen, dass von Vollmond zu Vollmond 29 Tage vergehen. Sie stellten auch fest, dass nach 12 Vollmonden 4 Jahreszeiten vorbei sind.

Etwa 4000 vor Christus entwickelten die Sumerer aus diesem Wissen den ersten Kalender. Die vier Jahreszeiten nannten sie ein Jahr und teilten dieses in 12 Monde – Monate zu je 29 Tagen – ein. Dieser Kalender war noch ungenau. Das Jahr hatte damals 348 Tage und war viel zu kurz. Unser Kalenderjahr mit den 4 Jahreszeiten entspricht nämlich der Zeit, die die Erde braucht, um einmal um die Sonne zu kreisen.

Deshalb entwickelten die Babylonier später den alten Kalender aufgrund ihrer Sternforschung weiter. Nun hatte das Jahr 365 Tage.

Noch später stellten die Römer fest, dass eine Erdumkreisung um die Sonne nicht 365, sondern 365 1/4 Tage benötigt. Deshalb verfügte der römische Herrscher Cäsar, dass jedes 4. Jahr ein Schaltjahr mit 366 Tagen sein solle.

Im 16. Jahrhundert wusste man noch genauer, wie lange die Erde braucht, um die Sonne zu umkreisen, nämlich exakt 365 Tage 5 Stunden 48 Minuten und 46 Sekunden. Es wurde beschlossen, dass der Schalttag in den meisten Jahren der Jahrhundertwende (z. B. 1700, 1800, 1900 und 2100) ausfallen solle.

Mit den heutigen Schalttagen alle vier Jahre und dem Ausfallen der Schalttage zu Beginn der meisten Jahrhunderte stimmt unser Kalender jetzt fast genau.

Elsbeth Gäumann/Sarah Wolfensberger: Die Zeit · 2./3. Klasse · Best.-Nr. 610 · © Brigg Pädagogik Verlag GmbH, Augsburg

Wer im Januar Geburtstag hat

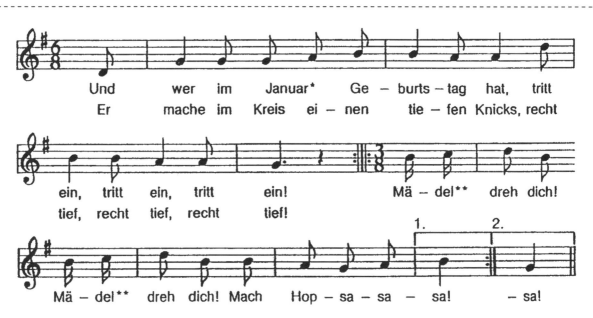

Und wer im Januar* Ge – burts – tag hat, tritt
Er mache im Kreis ei – nen tie – fen Knicks, recht

ein, tritt ein, tritt ein! Mä – del** dreh dich!
tief, recht tief, recht tief!

Mä – del** dreh dich! Mach Hop – sa – sa – sa! – sa!

* Februar, März, April, usw.

** Name des Kindes

Alle Kinder stehen im Kreis und singen das Lied.
Zur Begleitung klatscht, stampft, schnippt oder schnalzt ihr, je nach Lust und Laune.

In der Mitte tanzen diejenigen Kinder, die in dem besungenen Monat Geburtstag haben.

Elsbeth Gäumann/Sarah Wolfensberger: Die Zeit · 2./3. Klasse · Best.-Nr. 610 · © Brigg Pädagogik Verlag GmbH, Augsburg

Zum Geburtstag viel Glück

1. Zum Ge-burts-tag viel Glück, zum Ge-burts-tag viel Glück,
zum Ge-burts-tag, lie - be/r ...., zum Ge-burts-tag viel Glück.

| Englisch | Happy birthday to you, happy birthday to you happy birthday dear ..., happy birthday to you. *(Häppi börsdei tu ju)* |

Geburtstagswünsche in anderen Sprachen:

Französisch	Joyeux anniversaire *(Schoajö anniversär)*
Italienisch	Tanti auguri a te *(Tanti auguri a te)*
Rätoromanisch	Jeu giavischel tut bien *(Jaon tschavischel tut bien)*
Albanisch	Për ditëlindje shumë fat *(Pör ditlindje schum fat)*
Türkisch	Iji ki dogdun *(Iji ki dodun)*
Bosnisch/kroatisch/serbisch	Srecan rodentan *(Sretschan rotschendan)*
Kurdisch	Rojbuna te plroz be *(Roschbuna tä piiros bä)*
Portugiesisch	Parabéns para você *(Parabengs pra wosse)*
Spanisch	Cumpleaños feliz *(Gumpleanjos feliss)*

Elsbeth Gäumann/Sarah Wolfensberger: Die Zeit · 2./3. Klasse · Best.-Nr. 610 · © Brigg Pädagogik Verlag GmbH, Augsburg

Eine Geburtstagsgeschichte

Es war einmal ein Mann, dem dauerte es immer viel zu lange von einem Geburtstag bis zum anderen. Er war sehr reich. Deshalb sagte er zu seiner Frau:

„Von morgen an habe ich jeden Tag Geburtstag. Morgen, übermorgen und überübermorgen, das ganze Jahr. Du musst mir jeden Tag einen Geburtstagskuchen mit Kerzen auf den Tisch stellen. Und Geschenke will ich natürlich auch haben."

So gab es nun jeden Tag Kuchen und Geschenke für ihn. Jeden Morgen kamen seine Frau und seine Kinder und wünschten ihm viel Glück. Viele Monate lang taten sie das.

Zuerst gefiel das dem Mann sehr gut. Aber allmählich wurde es ihm langweilig. Und eines Tages rief er: „Zum Donnerwetter! Wann hab ich endlich richtig Geburtstag?" „Dein richtiger Geburtstag war vor einer Woche", sagte seine Frau. „Du hast nur nichts davon gemerkt, weil wir jetzt jeden Tag Geburtstag feiern."

Da merkte der Mann endlich, wie dumm er gewesen war. Von nun an wollte er nur noch einmal im Jahr Geburtstag haben, wie alle Leute.

Ursula Wölfel

Male mit einem Farbstift alle Wörter an, die etwas mit „Zeit" zu tun haben. Schreibe sie auf die Linien (jedes Wort nur einmal).

_____

_____

_____

_____

Elsbeth Gäumann/Sarah Wolfensberger: Die Zeit · 2./3. Klasse · Best.-Nr. 610 · © Brigg Pädagogik Verlag GmbH, Augsburg

Geburtstags-
kalender

April

1		16	
2		17	
3		18	
4		19	
5		20	
6		21	
7		22	
8		23	
9		24	
10		25	
11		26	
12		27	
13		28	
14		29	
15		30	

September

1 _____	16 _____
2 _____	17 _____
3 _____	18 _____
4 _____	19 _____
5 _____	20 _____
6 _____	21 _____
7 _____	22 _____
8 _____	23 _____
9 _____	24 _____
10 _____	25 _____
11 _____	26 _____
12 _____	27 _____
13 _____	28 _____
14 _____	29 _____
15 _____	30 _____

Januar

1 _____	16 _____
2 _____	17 _____
3 _____	18 _____
4 _____	19 _____
5 _____	20 _____
6 _____	21 _____
7 _____	22 _____
8 _____	23 _____
9 _____	24 _____
10 _____	25 _____
11 _____	26 _____
12 _____	27 _____
13 _____	28 _____
14 _____	29 _____
15 _____	30 _____
	31 _____

Mai

1 _____	16 _____
2 _____	17 _____
3 _____	18 _____
4 _____	19 _____
5 _____	20 _____
6 _____	21 _____
7 _____	22 _____
8 _____	23 _____
9 _____	24 _____
10 _____	25 _____
11 _____	26 _____
12 _____	27 _____
13 _____	28 _____
14 _____	29 _____
15 _____	30 _____
	31 _____

Dezember

1 _____	16 _____
2 _____	17 _____
3 _____	18 _____
4 _____	19 _____
5 _____	20 _____
6 _____	21 _____
7 _____	22 _____
8 _____	23 _____
9 _____	24 _____
10 _____	25 _____
11 _____	26 _____
12 _____	27 _____
13 _____	28 _____
14 _____	29 _____
15 _____	30 _____
	31 _____

August

1 _____	16 _____
2 _____	17 _____
3 _____	18 _____
4 _____	19 _____
5 _____	20 _____
6 _____	21 _____
7 _____	22 _____
8 _____	23 _____
9 _____	24 _____
10 _____	25 _____
11 _____	26 _____
12 _____	27 _____
13 _____	28 _____
14 _____	29 _____
15 _____	30 _____
	31 _____

Februar

1 _____	16 _____
2 _____	17 _____
3 _____	18 _____
4 _____	19 _____
5 _____	20 _____
6 _____	21 _____
7 _____	22 _____
8 _____	23 _____
9 _____	24 _____
10 _____	25 _____
11 _____	26 _____
12 _____	27 _____
13 _____	28 _____
14 _____	29 _____
15 _____	

Juni

1 _____	16 _____
2 _____	17 _____
3 _____	18 _____
4 _____	19 _____
5 _____	20 _____
6 _____	21 _____
7 _____	22 _____
8 _____	23 _____
9 _____	24 _____
10 _____	25 _____
11 _____	26 _____
12 _____	27 _____
13 _____	28 _____
14 _____	29 _____
15 _____	30 _____

November

1 _____	16 _____
2 _____	17 _____
3 _____	18 _____
4 _____	19 _____
5 _____	20 _____
6 _____	21 _____
7 _____	22 _____
8 _____	23 _____
9 _____	24 _____
10 _____	25 _____
11 _____	26 _____
12 _____	27 _____
13 _____	28 _____
14 _____	29 _____
15 _____	30 _____

Juli

1 _____	16 _____
2 _____	17 _____
3 _____	18 _____
4 _____	19 _____
5 _____	20 _____
6 _____	21 _____
7 _____	22 _____
8 _____	23 _____
9 _____	24 _____
10 _____	25 _____
11 _____	26 _____
12 _____	27 _____
13 _____	28 _____
14 _____	29 _____
15 _____	30 _____
	31 _____

März

1 _____	16 _____
2 _____	17 _____
3 _____	18 _____
4 _____	19 _____
5 _____	20 _____
6 _____	21 _____
7 _____	22 _____
8 _____	23 _____
9 _____	24 _____
10 _____	25 _____
11 _____	26 _____
12 _____	27 _____
13 _____	28 _____
14 _____	29 _____
15 _____	30 _____
	31 _____

Oktober

1 _____	16 _____
2 _____	17 _____
3 _____	18 _____
4 _____	19 _____
5 _____	20 _____
6 _____	21 _____
7 _____	22 _____
8 _____	23 _____
9 _____	24 _____
10 _____	25 _____
11 _____	26 _____
12 _____	27 _____
13 _____	28 _____
14 _____	29 _____
15 _____	30 _____
	31 _____

Die Wochentage

Schneide die Buchstaben auseinander und mische sie.
Setze nun die Wochentage wieder richtig zusammen und klebe sie in
dein Heft. Schreibe sie einmal richtig ab.

M	o	n	t	a	g		
D	i	e	n	s	t	a	g
M	i	t	t	w	o	c	h
D	o	n	n	e	r	s	t	a	g
F	r	e	i	t	a	g	
S	a	m	s	t	a	g	
S	o	n	n	t	a	g	

 Elsbeth Gäumann/Sarah Wolfensberger: Die Zeit · 2./3. Klasse · Best.-Nr. 610 · © Brigg Pädagogik Verlag GmbH, Augsburg

Wochenbeobachtung

In einer Woche ist viel los. Worauf freust du dich in der kommenden Woche besonders? Schreibe zu jedem Wochentag einen Satz.

Montag   _____

Dienstag   _____

Mittwoch   _____

Donnerstag   _____

Freitag   _____

Samstag   _____

Sonntag   _____

Das Wetter ändert sich während einer Woche.
Beobachte es genau und zeichne die Symbole in die Kästchen.

Montag	Dienstag	Mittwoch	Donnerstag

Freitag	Samstag	Sonntag	sonnig

bedeckt

Regen

Schnee

etwas sonnig

Elsbeth Gäumann/Sarah Wolfensberger: Die Zeit · 2./3. Klasse · Best.-Nr. 610 · © Brigg Pädagogik Verlag GmbH, Augsburg

Experiment

Bei diesem Experiment kannst du beobachten, wie schnell verschiedene Pflanzen wachsen.

So führst du das Experiment durch:

1. Fülle einen großen Topf oder einen Blumentopf mit Erde.
   Dies ist dein Garten.

2. Teile den Garten in vier Beete ein.
   Benutze als Unterteilung kleine Steine oder Hölzer.

3. Säe nun in jedes Beet andere Samen:
   Kresse, Erbsen, Katzengras und Senf.

4. Beschrifte die verschiedenen Beete mit einem Zettel.

5. Dein Garten braucht nun regelmäßig Wasser, Wärme und viel Licht.

6. Beobachte jeden Tag deinen Garten und schreibe in einem Protokoll, was du entdeckst.

Protokoll

Datum	Beobachtung

Elsbeth Gäumann/Sarah Wolfensberger: Die Zeit · 2./3. Klasse · Best.-Nr. 610 · © Brigg Pädagogik Verlag GmbH, Augsburg

Eine Woche hat 7 Tage

1. Schreibe alle Wochentage der Reihe nach auf.

_____

_____

_____

2. Ergänze die Tabellen.

Wochen	Tage
3	21
2	
5	
9	
6	

Woche(n)	Tage
	7
	49
	28
	56
	70

3. Beantworte die folgenden Fragen.
   An welchen Nachmittagen hast du frei?

   _____

   An welchem Tag hast du Musik?

   _____

   An welchen Tagen hast du Sport?

   _____

   An welchen Tagen hast du keine Schule?

   _____

4. Wenn du erzählst, kannst du folgende Zeitangaben verwenden:
   heute, gestern, vorgestern, morgen, übermorgen.
   Schreibe drei Sätze: Was du heute machst, was du gestern gemacht
   hast und was du morgen machen wirst.

Elsbeth Gäumann/Sarah Wolfensberger: Die Zeit · 2./3. Klasse · Best.-Nr. 610 · © Brigg Pädagogik Verlag GmbH, Augsburg

Kennst du die Wochentage?

Welcher Wochentag ist gemeint? Schreibe ihn auf.

Heute ist Freitag, übermorgen ist _____.

Der Tag nach dem Mittwoch heißt _____.

Gestern war Sonntag, heute ist _____.

Der Tag vor dem Donnerstag heißt _____.

Heute ist Montag, in einer Woche ist _____.

Zwei Tage vor dem Freitag ist _____.

Heute ist Sonntag, in einer Woche ist _____.

Morgen ist Mittwoch, heute ist _____.

Vier Tage vor dem Mittwoch ist _____.

Heute ist Freitag, vor einer Woche war _____.

Heute ist Donnerstag, vorgestern war _____.

Sechs Tage nach dem Samstag ist _____.

Heute ist Freitag, morgen ist _____.

Gestern war Mittwoch, morgen ist _____.

Heute ist Samstag, gestern war _____.

Heute ist Donnerstag, in zehn Tagen ist _____.

Vorgestern war Montag, heute ist _____.

Heute ist Mittwoch, vor zwölf Tagen war _____.

Zwei Tage nach dem Sonntag ist _____.

Übermorgen ist Mittwoch, vorgestern war _____.

Elsbeth Gäumann/Sarah Wolfensberger: Die Zeit · 2./3. Klasse · Best.-Nr. 610 · © Brigg Pädagogik Verlag GmbH, Augsburg

Der aktuelle Kalender

Für diese beiden Aufgaben brauchst du einen aktuellen Kalender.

1. Schreibe alle Monatsnamen in die Tabelle. Dahinter schreibst du das Datum des letzten Tages mit dem passenden Wochentag.

Monat	Letzter Tag	Wochentag
Januar	31.1.	

2. Notiere das richtige Datum.

Heutiges Datum: ___ ___ _____

Weihnachten: ___ ___ _____

Muttertag: ___ ___ _____

Vatertag: ___ ___ _____
(Christi Himmelfahrt)

Pfingsten: ___ ___ _____

Neujahr: ___ ___ _____

Ostern: ___ ___ _____

Silvester: ___ ___ _____

Elsbeth Gäumann/Sarah Wolfensberger: Die Zeit · 2./3. Klasse · Best.-Nr. 610 · © Brigg Pädagogik Verlag GmbH, Augsburg

Der Abreißkalender

Am ersten Tag ist er dick,
der Abreißkalender, und prall und voll.
„Bin ich nicht schick,
bin ich nicht toll
mit dreihunderfünfundsechzig Blättern
in schwarzen und roten Lettern
und gewaltigen Zahlen?",
beginnt er zu prahlen.
„Täglich fragen mich die Leute:
Den wievielten haben wir heute?
Ist heute Montag? Ist Donnerstag?
Ist Mai oder Juni? Ist Feiertag?
Ja, wenn sie mich nicht hätten,
den dicken, den netten,
den Abreißkalender,
dann wären sie übel dran!"

Aber irgendwann im Jahr
wird er traurig und klagt:
„Man reißt mir die Blätter vom Leibe!
Ich bleibe nicht dick, nicht schick!
Man sieht's auf den ersten Blick!"
Lass ihn nur klagen,
lass ihn nur fragen.
Ob er will oder nicht,
die Tage vergehn,
denn die Zeit bleibt seinetwegen
und meinetwegen und deinetwegen
nicht stehn.

Otfried Pörsel

Wie viele Tage hat das Jahr? _____

Was kannst du am Kalender ablesen? _____

Wie fühlt sich der Kalender im Januar? _____

Wie fühlt sich der Kalender im Oktober? _____

Elsbeth Gäumann/Sarah Wolfensberger: Die Zeit · 2./3. Klasse · Best.-Nr. 610 · © Brigg Pädagogik Verlag GmbH, Augsburg

Suchrätsel

Im folgenden Suchrätsel sind 10 Begriffe versteckt, die mit der Zeit zu tun haben (Monatsnamen, Wochentage, Jahreszeiten).
Die Begriffe sind waagerecht und senkrecht versteckt.
Male jedes Wort mit einer anderen Farbe an.

A	Z	E	C	U	K	G	Q	W	D	M	E	N
U	S	A	M	S	T	A	G	E	L	O	O	M
G	U	R	I	W	P	A	T	U	V	N	S	J
U	N	M	A	I	I	Z	J	A	H	T	O	R
S	O	N	O	Y	Q	N	E	T	A	A	N	N
T	S	E	K	E	R	R	T	B	T	G	N	L
A	O	S	T	E	D	G	F	E	G	X	T	V
L	M	S	O	J	A	N	U	A	R	S	A	D
G	M	H	B	X	E	Z	J	F	K	L	G	M
G	E	Q	E	C	R	E	J	O	H	R	W	V
N	R	M	R	E	S	Q	U	O	D	E	L	W
W	A	A	M	A	W	I	N	T	E	R	E	U
Y	A	P	R	I	L	Z	P	F	H	Y	N	G

 Elsbeth Gäumann/Sarah Wolfensberger: Die Zeit · 2./3. Klasse · Best.-Nr. 610 · © Brigg Pädagogik Verlag GmbH, Augsburg

Suchrätsel*

Im folgenden Suchrätsel sind 23 Begriffe versteckt, die mit der Zeit zu tun haben (Monatsnamen, Wochentage, Jahreszeiten).
Die Begriffe sind waagerecht, senkrecht oder diagonal versteckt.
Male jedes Wort mit einer anderen Farbe an.

A	Z	E	C	U	K	G	Q	W	D	I	E	N	S	T	A	G	M	A	L
U	S	A	M	S	T	A	G	E	L	X	O	M	F	E	R	I	E	N	S
G	U	R	I	W	P	A	T	U	V	C	S	J	Ä	R	E	F	A	N	Q
U	N	M	A	I	I	Z	J	A	H	U	O	R	I	R	D	E	N	A	G
S	O	N	O	Y	Q	N	E	T	A	G	N	N	A	K	Z	O	M	A	P
T	W	E	K	E	R	R	T	B	T	Z	N	L	O	U	I	O	T	P	B
A	Ü	S	T	E	D	G	F	E	G	X	T	V	H	V	A	I	J	K	U
L	Ö	S	O	J	A	N	U	A	R	S	A	D	F	T	E	Ä	P	O	R
G	M	H	B	X	E	Z	J	F	K	L	G	M	O	R	Ö	M	Ä	Y	X
G	I	Q	E	C	R	E	J	A	H	R	W	V	F	F	D	B	B	H	C
N	T	M	R	E	S	Q	U	O	D	E	L	W	J	E	S	A	N	E	R
W	T	A	M	A	T	E	I	B	H	O	E	U	Q	B	N	M	Y	R	R
Y	W	M	A	S	D	Z	P	F	H	Y	N	G	H	R	J	K	L	B	Ü
K	O	M	D	I	M	O	N	T	A	G	O	N	H	U	D	Q	A	S	U
S	C	H	U	L	E	N	U	M	E	Ä	S	N	E	A	R	B	Z	T	A
Q	H	U	N	L	V	E	J	U	O	M	E	N	W	R	A	Ä	R	T	Q
Z	U	S	I	X	N	A	C	H	T	C	B	I	N	T	S	O	X	T	C
Y	F	R	Ü	H	L	I	N	G	A	O	K	E	S	P	I	T	E	S	D
F	P	G	U	F	H	D	E	Z	E	M	B	E	R	Q	H	S	A	X	J
A	K	L	A	E	N	Z	O	W	T	E	V	A	J	U	N	I	Ü	G	Q

 Elsbeth Gäumann/Sarah Wolfensberger: Die Zeit · 2./3. Klasse · Best.-Nr. 610 · © Brigg Pädagogik Verlag GmbH, Augsburg

Ein Tag im Leben von Cäsar Kunz

Lies den Text durch. Hier wird der Tagesablauf von Cäsar erzählt. In einigen Sätzen fehlen die Verben. Du findest sie unten. Schreibe die passenden in die Lücken. Nimm am besten einen Bleistift.

Meistens _____ ich schon früh am Morgen _____.

Mein Herrchen _____ erst später _____.

Meistens _____ mich mein Freund Ben auf die Wiese und

ich _____ dort ein bisschen _____.

Danach _____ ich immer sehr hungrig. Trotz des Bettelns

_____ ich erst um acht Uhr mein Frühstück.

Nach dem Frühstück _____ meine Familie das Haus.

Damit _____ der langweilige Teil des Tages.

Ich _____ alles, was am Boden _____.

Am liebsten _____ ich an Schuhen.

Am Nachmittag _____ mein Frauchen endlich von der Arbeit zurück

Wir _____ auf den lang ersehnten Spaziergang.

Manchmal _____ ich mit den Kindern um die Wette.

Am Abend werde ich gestreichelt und verwöhnt.

Ich _____ auf einer Decke am Boden.

aufwachen – führen
beginnen – sein – nagen
herumtollen – bekommen
verlassen – rennen
kommen – gehen
aufstehen – suchen
liegen – schlafen

 Elsbeth Gäumann/Sarah Wolfensberger: Die Zeit · 2./3. Klasse · Best.-Nr. 610 · © Brigg Pädagogik Verlag GmbH, Augsburg

Ein Tag im Leben von Cäsar Kunz*

Lies den Text durch. Hier wird der Tagesablauf von Cäsar beschrieben. In einigen Sätzen fehlen die Verben. Du findest sie unten. Schreibe die passenden in die Lücken. Nimm am besten einen Bleistift.

Meistens _____ ich schon früh am Morgen _____. Ich _____ auf meiner Decke liegen. Sobald ich etwas _____, _____ ich _____ und _____ mein Herrchen überschwänglich.

Dann _____ ich in den Flur und _____ laut. Jetzt _____ auch die größten Schlafmützen wach. Meistens _____ mich mein Freund Ben auf die Wiese und ich _____ dort ein bisschen _____. Danach _____ ich immer sehr hungrig. Trotz des Bettelns _____ ich erst um acht Uhr mein Frühstück. Nach dem Frühstück _____ meine Familie das Haus. Damit _____ der langweilige Teil des Tages. Ich _____ mich auf die Suche nach allem, was auf dem Boden _____. An Schuhen _____ ich besonders große Freude. Im Garten _____ ich in der Erde oder _____ mit den Kindern ein kleines Wettrennen.

Am Nachmittag _____ mein Frauchen endlich von der Arbeit zurück.

Wir _____ auf den lang ersehnten Spaziergang. Am Abend werde ich gestreichelt und verwöhnt. Ich _____ auf einer Decke am Boden.

aufwachen – führen – beginnen – hören

sein – begrüßen – stürmen – gehen

haben – buddeln – herumtollen – bekommen

bleiben – schlafen – aufspringen

verlassen – bellen – sein – machen

liegen – veranstalten – kommen

Elsbeth Gäumann/Sarah Wolfensberger: Die Zeit · 2./3. Klasse · Best.-Nr. 610 · © Brigg Pädagogik Verlag GmbH, Augsburg

Ein verkehrter Morgen

Lies den Text sorgfältig durch. Da stimmt doch etwas nicht. Verbessere ihn. Schreibe ihn richtig auf und überlege dir einen neuen Titel.

Eines Weckers läutet der Morgen. Müde schalte ich die Decke ab und verkrieche mich unter den Wecker. Plötzlich ruft mein Frühstück: „Der Vater ist fertig!" Schnell hüpfe ich aus den Kleidern und ziehe meine Betten an. In Windeseile esse ich die heiße Schokolade und trinke das Butterbrot. Danach nehme ich meine Zähne und putze mir die Zahnbürste. Ich binde meinen Rucksack und schwinge meine Schuhe auf den Rücken. Schnell öffne ich das Fahrrad und steige auf die Türe. Wie eine Straße sause ich die Rakete hinunter. Gleichzeitig mit dem letzten Stuhl setze ich mich auf den Gongschlag. Uff, das war knapp!

Elsbeth Gäumann/Sarah Wolfensberger: Die Zeit · 2./3. Klasse · Best.-Nr. 610 · © Brigg Pädagogik Verlag GmbH, Augsburg

Ein ganzer Tag hat 24 Stunden

In der Zeichnung ist ein ganzer Tag dargestellt.
Schreibe die acht Begriffe unten an die richtigen Stellen.
Nimm einen Bleistift.

Tag – Nachmittag – früher Morgen – Mitternacht – Vormittag – Nacht – Mittag – Abend

Fülle die Tabelle aus. Benutze folgende Begriffe:

nachts – morgens – abends – vormittags – mittags – nachmittags

2 Uhr	nachts
17 Uhr	
10 Uhr	
15 Uhr	
6 Uhr	
23 Uhr	

13 Uhr	
21 Uhr	
9 Uhr	
18 Uhr	
11 Uhr	
20 Uhr	

Elsbeth Gäumann/Sarah Wolfensberger: Die Zeit · 2./3. Klasse · Best.-Nr. 610 · © Brigg Pädagogik Verlag GmbH, Augsburg

Uhr basteln

Heute bastelst du deine eigene Lernuhr.
Schreibe die Vormittags- und Nachmittagszeiten in die Kreise, z.B. .
Schneide die Zeiger aus und befestige sie.

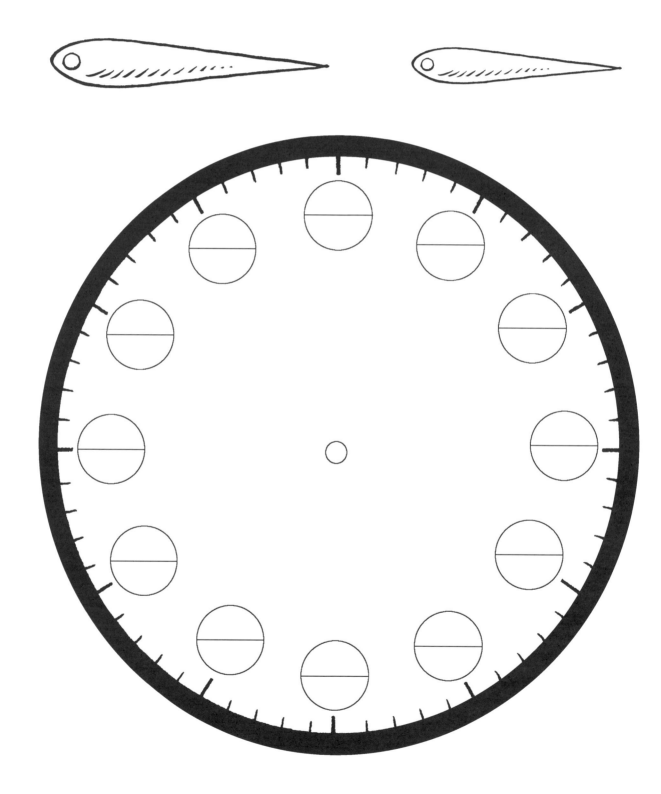

 Elsbeth Gäumann/Sarah Wolfensberger: Die Zeit · 2./3. Klasse · Best.-Nr. 610 · © Brigg Pädagogik Verlag GmbH, Augsburg

Bestandteile der Uhr

Beschrifte die verschiedenen Bestandteile der Uhr.
Benutze dazu folgende Begriffe:

die Krone
das Uhrband
der Minutenzeiger
die Datumsanzeige
der Sekundenzeiger
der Stundenzeiger
die Schnalle
die Ziffer
das Zifferblatt
das Gehäuse

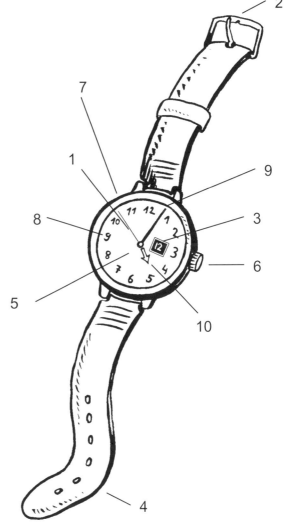

1.	2.
3.	4.
5.	6.
7.	8.
9.	10.

 Elsbeth Gäumann/Sarah Wolfensberger: Die Zeit · 2./3. Klasse · Best.-Nr. 610 · © Brigg Pädagogik Verlag GmbH, Augsburg

Kennst du die verschiedenen Uhren?

Welche Uhr passt zu welcher Beschreibung? Wähle aus folgenden Uhren die richtige aus und schreibe sie jeweils auf die Linie.

**die Armbanduhr – die Kuckucksuhr – die Kirchturmuhr –
die Standuhr – die Sanduhr – der Wecker – die Stoppuhr**

1. Sie zeigt uns die Uhrzeit ganz oben auf
   einem Gebäude.

   _____

2. Sie stoppt die genaue Zeit, wenn wir
   ein Wettrennen machen.

   _____

3. Diese Uhr steht auf dem Boden.

   _____

4. Du trägst sie an deinem Handgelenk.

   _____

5. Langsam rinnt der Sand durch die
   schmale Öffnung.

   _____

6. Diese Uhr holt dich aus dem Schlaf.

   _____

7. Sie ruft wie ein Vogel, den du kennst.

   _____

*Zusatz: Suche in Zeitschriften und Katalogen Bilder von verschiedenen
Uhren. Klebe sie auf die Rückseite dieses Blattes und beschrifte sie.*

Elsbeth Gäumann/Sarah Wolfensberger: Die Zeit · 2./3. Klasse · Best.-Nr. 610 · © Brigg Pädagogik Verlag GmbH, Augsburg

Ganze und halbe Stunden

Dies sind die analogen Zeitangaben.
Heute lernst du die ganzen und die halben Stunden kennen.

Wenn der Minutenzeiger auf der
12 steht und der Stundenzeiger
genau auf eine Ziffer zeigt,
ist es Punkt ... Uhr.

Auf dem Bild ist es Punkt 8 Uhr.

Wenn der Minutenzeiger auf der
6 und der Stundenzeiger genau
zwischen zwei Ziffern steht,
ist es halb ... Uhr.

Auf dem Bild ist es halb 3 Uhr.

Schreibe zu jeder Uhr die angegebene Zeit.
Bei den ganzen Stunden schreibst du die Zeiten für die erste und die
zweite Tageshälfte (Bsp. 2 Uhr und 14 Uhr).

_____

_____

_____

_____

_____

_____

_____

_____

_____

Elsbeth Gäumann/Sarah Wolfensberger: Die Zeit · 2./3. Klasse · Best.-Nr. 610 · © Brigg Pädagogik Verlag GmbH, Augsburg

Ganze und halbe Stunden

Übung

Schreibe zu jeder Uhr die angegebene Zeit. Bei den ganzen Stunden schreibst du die Zeiten für die erste und die zweite Tageshälfte (Bsp. 2 Uhr und 14 Uhr).

_____

_____

_____

_____

_____

Elsbeth Gäumann/Sarah Wolfensberger: Die Zeit · 2./3. Klasse · Best.-Nr. 610 · © Brigg Pädagogik Verlag GmbH, Augsburg

Die Viertelstunden

Auf diesem Blatt lernst du die Viertelstunden kennen.

Wenn der Minutenzeiger auf der 9 steht, ist es Viertel vor ... Uhr. Vom Stundenzeiger lesen wir die kommende Stunde ab.

Auf dem Bild ist es Viertel vor 2 Uhr.

Wenn der Minutenzeiger auf der 3 steht, ist es Viertel nach ... Uhr. Vom Stundenzeiger lesen wir die vergangene Stunde ab.

Auf dem Bild ist es Viertel nach 7 Uhr.

Schreibe zu jeder Uhr die angegebene Zeit.

_____

_____

_____

_____

_____

_____

Elsbeth Gäumann/Sarah Wolfensberger: Die Zeit · 2./3. Klasse · Best.-Nr. 610 · © Brigg Pädagogik Verlag GmbH, Augsburg

Ganze, halbe und Viertelstunden

Übung

Schreibe zu jeder Uhr die angegebene Zeit.

_____   _____   _____

_____   _____   _____

_____   _____   _____

_____   _____   _____

_____   _____   _____

Elsbeth Gäumann/Sarah Wolfensberger: Die Zeit · 2./3. Klasse · Best.-Nr. 610 · © Brigg Pädagogik Verlag GmbH, Augsburg

Auf 5 Minuten genau

Hier lernst du, die Zeiten auf 5 Minuten genau zu benennen.

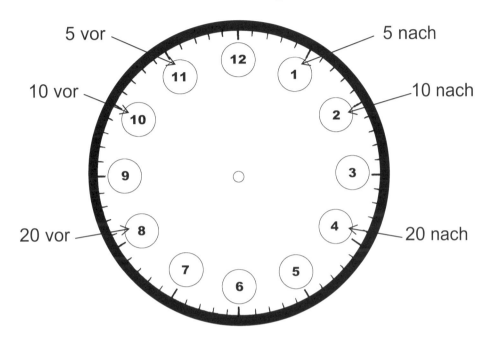

Am Minutenzeiger kannst du ablesen, wie viele Minuten seit der letzten Stunde bereits vergangen sind.

Am Minutenzeiger kannst du auch ablesen, wie viele Minuten es noch bis zur nächsten ganzen Stunde dauert.

Schreibe zu jeder Uhr die angegebene Zeit (Bsp. 5 vor 4 Uhr).

_____

_____

_____

_____

_____

_____

Elsbeth Gäumann/Sarah Wolfensberger: Die Zeit · 2./3. Klasse · Best.-Nr. 610 · © Brigg Pädagogik Verlag GmbH, Augsburg

Auf 5 Minuten genau

Übung

Schreibe zu jeder Uhr die angegebene Zeit (Bsp. 10 nach 7 Uhr).

_____   _____   _____

_____   _____   _____

_____   _____   _____

_____   _____   _____

_____   _____   _____

Elsbeth Gäumann/Sarah Wolfensberger: Die Zeit · 2./3. Klasse · Best.-Nr. 610 · © Brigg Pädagogik Verlag GmbH, Augsburg

5 Minuten vor halb, 5 Minuten nach halb

Zum Schluss lernst du noch die Zeiten 5 Minuten vor halb ... Uhr und 5 Minuten nach halb ... Uhr kennen.

Wenn der Minutenzeiger auf der 5 steht, ist es 5 vor halb ... Uhr.

Auf dem Bild ist es
5 vor halb 2 Uhr.

Wenn der Minutenzeiger auf der 7 steht, ist es 5 nach halb ... Uhr.

Auf dem Bild ist es
5 nach halb 8 Uhr.

Schreibe zu jeder Uhr die angegebene Zeit.

_____

_____

_____

_____

_____

_____

Elsbeth Gäumann/Sarah Wolfensberger: Die Zeit · 2./3. Klasse · Best.-Nr. 610 · © Brigg Pädagogik Verlag GmbH, Augsburg

Alle Zeiten

Kennst du nun die Zeiten? Beschrifte alle Uhren.

_____ _____ _____

_____ _____ _____

_____ _____ _____

_____ _____ _____

_____ _____ _____

Uhrzeiten

Male die Zeiger in die Uhren und beschrifte sie.

_____

_____

_____

_____

_____

_____

_____

_____

_____

_____

_____

_____

Elsbeth Gäumann/Sarah Wolfensberger: Die Zeit · 2./3. Klasse · Best.-Nr. 610 · © Brigg Pädagogik Verlag GmbH, Augsburg

Digitale Zeiten

Wenn du das Fernsehprogramm oder Fahrpläne lesen willst, musst du die digitalen Zeiten kennen.

Bei der digitalen Zeit steht an erster Stelle immer die vergangene Stunde. An zweiter Stelle werden alle Minuten seit der letzten ganzen Stunde gezäh

Die Stunden und Minuten werden durch einen Doppelpunkt getrennt.

Beispiel: 17:15.
Gesprochen wird: 17 Uhr 15

Schreibe zu jeder Uhr die angegel Zeit für die erste und zweite Tageshälfte.

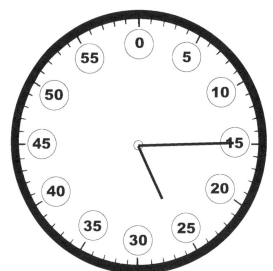

2:45

14:45

  Elsbeth Gäumann/Sarah Wolfensberger: Die Zeit · 2./3. Klasse · Best.-Nr. 610 · © Brigg Pädagogik Verlag GmbH, Augsburg

Digitale Zeiten

Übung

Beschrifte die Uhren (Bsp. 3:50, 15:50).

_____ _____ _____

_____ _____ _____

_____ _____ _____

_____ _____ _____

_____ _____ _____

_____ _____ _____

_____ _____ _____

_____ _____ _____

Elsbeth Gäumann/Sarah Wolfensberger: Die Zeit · 2./3. Klasse · Best.-Nr. 610 · © Brigg Pädagogik Verlag GmbH, Augsburg

Fernsehprogramm

1. Nimm das aktuelle Fernsehprogramm.
Frage vier verschiedene Personen
nach ihren Lieblingssendungen.
Notiere die genannten Sendungen
und schreibe daneben die
Anfangs- und Schlusszeiten.

Person	Lieblingssendung	Anfang	Schluss

2. Warum schaust du deine Lieblingssendung und wie lange dauert sie?

Person	Warum?	Dauer

 Elsbeth Gäumann/Sarah Wolfensberger: Die Zeit · 2./3. Klasse · Best.-Nr. 610 · © Brigg Pädagogik Verlag GmbH, Augsburg

Mein Tagesprotokoll

Achte an einem Schultag auf die Zeit. Zeichne auf der Uhr die passende Zeit ein und schreibe sie in digitaler Schreibweise darunter.

Elsbeth Gäumann/Sarah Wolfensberger: Die Zeit · 2./3. Klasse · Best.-Nr. 610 · © Brigg Pädagogik Verlag GmbH, Augsburg

In dieser Minute

In dieser Minute, die jetzt ist,
und die du gleich nachher vergisst,
geht ein Kamel auf allen vieren
im gelben Wüstensand spazieren.
Und auf den Nordpol fällt jetzt Schnee.
Und tief im Titicacasee
schwimmt eine lustige Forelle.

Und eine hurtige Gazelle
springt in Ägypten durch den Sand.
Und weiter weg im Abendland
schluckt jetzt ein Knabe Lebertran.
Und auf dem großen Ozean
fährt wohl ein Dampfer durch den Sturm.

In China kriecht ein Regenwurm
zu dieser Zeit zwei Zentimeter.
In Prag hat jemand Ziegenpeter*,
und in Amerika ist wer,
der trinkt grad seine Tasse leer.
Und hoch im Norden irgendwo,
da hustet jetzt ein Eskimo.
Und in Australien – huhu –
springt aus dem Busch ein Känguru.

In Frankreich aber wächst ein Baum
ein kleines Stück, man sieht es kaum.
Und in der großen Mongolei
schleckt eine Katze Hirsebrei.

Und hier bei uns, da bist nun du
und zappelst nun selbst immerzu,
und wenn du das nicht tätest, wär
die Welt jetzt stiller als bisher!

Eva Rechlin

* Ziegenpeter = Mumps

 Elsbeth Gäumann/Sarah Wolfensberger: Die Zeit · 2./3. Klasse · Best.-Nr. 610 · © Brigg Pädagogik Verlag GmbH, Augsburg

Eine Minute! – Eine Minute?

Obwohl eine Minute immer genau 60 Sekunden lang ist, erleben wir sie oft verschieden lang.

Suche dir eine Partnerin oder einen Partner.
Übt die folgenden Tätigkeiten eine Minute lang aus.
Ein Kind stoppt die Minute, das andere führt die Übungen durch.
Wenn dir die Minute lange vorkommt, male das hintere Kästchen grün aus. Wenn dir die Minute kurz vorkommt, male das Kästchen rot aus.

1. Tue gar nichts.
2. Hüpfe auf einem Bein.
3. Halte mit ausgestreckten Armen ein Buch.
4. Schreibe die Namen aller Kinder deiner Klasse auf.
5. Singe ein Lied.
6. Schaue aus dem Fenster.
7. Lies eine spannende Geschichte.
8. Steige auf den Stuhl und spring herunter.
9. Halte die Luft an. Wie lange schaffst du das?
10. Höre Musik.
11. Lutsche ein Bonbon. Nicht beißen.
12. Schließe die Augen.

Kannst du dir vorstellen, warum du das Gefühl hast, dass gewisse Minuten schneller und andere langsamer vorbeigehen? Besprich dies mit deiner Partnerin oder deinem Partner. Was denkt ihr?

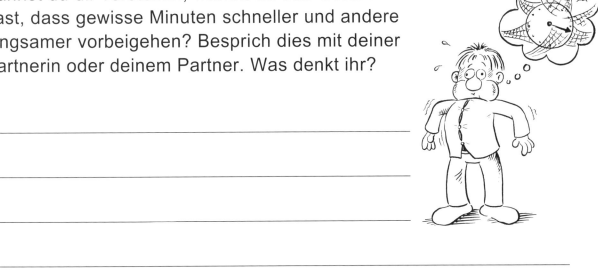

_____

_____

_____

_____

Elsbeth Gäumann/Sarah Wolfensberger: Die Zeit · 2./3. Klasse · Best.-Nr. 610 · © Brigg Pädagogik Verlag GmbH, Augsburg

Fragen zur Zeit

Beantworte die Fragen.

1. Wie heißen die Frühlingsmonate?

   _____

   _____

2. Wie viele Tage hat der Mai? _____

3. Schreibe das heutige Datum auf. _____

4. Was kannst du am Datum ablesen?

   _____

5. Woran erkennst du, ob es Sommer ist?

   _____

   _____

6. Wie viele Monate hat ein Jahr? _____

7. Welcher Tag folgt auf den Montag? _____

8. Nenne alle Herbstmonate. _____

9. Schreibe digital auf: Viertel vor 10 Uhr abends _____

10. Schreibe in Worten auf: 8:35 _____

11. Wann bist du geboren worden? _____

12. Wie viele Stunden vergehen an einem ganzen Tag? _____

Elsbeth Gäumann/Sarah Wolfensberger: Die Zeit · 2./3. Klasse · Best.-Nr. 610 · © Brigg Pädagogik Verlag GmbH, Augsburg

13. Schreibe die Wochentage rückwärts auf, beginne mit Sonntag.

_____

_____

14. Wie heißen die Monate, die nacheinander kommen und doch beide 31 Tage haben? _____

15. Welcher Monat folgt auf den Februar? _____

16. Stelle dir den November vor.
    Was passt besonders gut zu diesem Monat?

_____

17. Wie heißen die Zeiger der Uhr?

_____

18. Wie heißt die Uhr, die dir hilft, am Morgen wach zu werden?

_____

19. Wie heißen die Wintermonate?

_____

20. Wie viele Sekunden hat eine Minute?

_____

21. Woran erkennst du, dass Zeit vergangen ist? Nenne zwei Beispiele.

_____

     Elsbeth Gäumann/Sarah Wolfensberger: Die Zeit · 2./3. Klasse · Best.-Nr. 610 · © Brigg Pädagogik Verlag GmbH, Augsburg

Lösungen (S. 9)

Wachsen braucht Zeit (Teil 1)

Wenn das Kind **fünf Jahre** alt ist,
möchte es alles allein tun.
Aber es kann noch nicht für sich selbst sorgen.
Wenn der Eisbär fünf Jahre alt ist,
dann ist er groß und stark und die Seehunde fliehen vor ihm.
Der Bär ist erwachsen.

Wenn das Kind **sechs Monate** alt ist,
kann es gerade erst sitzen.
Es spielt mit dem Ball und der Rassel und
horcht schon auf die Wörter, wenn man mit ihm spricht.
Wenn der Igel sechs Monate alt ist,
läuft er durchs Gebüsch und sucht sein Futter.
Er ist erwachsen.

Wenn das Kind **drei Jahre** alt ist,
kann es schon fast alles sagen.
Es lernt, mit anderen Kindern zu spielen.
Wenn die Kuh drei Jahre alt ist,
hat sie schon selbst wieder ein Kälbchen.
Sie ist längst erwachsen.

Wenn das Kind **neun Monate** alt ist,
kann es stehen.
Es hopst und kräht und versucht schon, Wörter zu sprechen.
Wenn der Hase neun Monate alt ist,
rennt er durchs Feld und der Fuchs erwischt ihn nicht.
Der Hase ist erwachsen.

 Elsbeth Gäumann/Sarah Wolfensberger: Die Zeit · 2./3. Klasse · Best.-Nr. 610 · © Brigg Pädagogik Verlag GmbH, Augsburg

Lösungen (S. 10)

Wachsen braucht Zeit (Teil 2)

Wenn das Kind **zwei Jahre** alt ist,
spielt es im Sandkasten.
Jetzt kann es laufen und sprechen und allein essen.
Wenn der Hund zwei Jahre alt ist,
bewacht er das Haus.
Er ist erwachsen.

Wenn das kleine Kind **drei Monate** alt ist,
muss es immer noch im Bett liegen und gefüttert werden.
Es schläft fast den ganzen Tag.
Es kann aber schon lächeln und greifen,
es dreht den Kopf und sieht sich um.
Wenn die Schwalbe drei Monate alt ist,
fliegt sie schon über die hohen Berge und das Meer nach Afrika.
Sie ist erwachsen.

Wenn das Kind **ein Jahr** alt ist,
kann es ein bisschen laufen und sprechen.
Aber es ist noch tapsig und fällt immer wieder hin.
Wenn die Katze ein Jahr alt ist,
spaziert sie übers Dach.
Sie ist erwachsen.

Wenn das Kind **vier Jahre** alt ist,
kann es sich alleine anziehen.
Es kann auch schon einkaufen gehen.
Wenn das Pferd vier Jahre alt ist,
trägt es den Reiter und springt über den breiten Graben.
Es ist erwachsen.

Ursula Wölfel

Elsbeth Gäumann/Sarah Wolfensberger: Die Zeit · 2./3. Klasse · Best.-Nr. 610 · © Brigg Pädagogik Verlag GmbH, Augsburg

Wanderdiktat zu den Monatsnamen

11	Im November ist oft stürmisches Wetter.
7	Die Sommerferien beginnen im Juli.
12	Im Dezember freut ihr euch auf Weihnachten.
2	Der Februar hat nur 28 Tage.
10	Die Blätter färben sich im Oktober bunt.
4	Im April ist das Wetter wechselhaft.
9	Die ersten Äpfel pflückt man im September.
6	Im Juni ist Kirschenzeit.
1	Das Jahr beginnt mit dem Monat Januar.
5	Die prächtigsten Blütenbäume siehst du im Mai.
8	Der August ist ein sehr heißer Monat.
3	Die ersten Blumen blühen im März.

Elsbeth Gäumann/Sarah Wolfensberger: Die Zeit · 2./3. Klasse · Best.-Nr. 610 · © Brigg Pädagogik Verlag GmbH, Augsburg

Suchrätsel

A	Z	E	C	U	K	G	Q	W	D	M	E	N
U	S	A	M	S	T	A	G	E	L	O	O	M
G	U	R	I	W	P	A	T	U	V	N	S	J
U	N	M	A	I	I	Z	J	A	H	T	O	R
S	O	N	O	Y	Q	N	E	T	A	A	N	N
T	S	E	K	E	R	R	T	B	T	G	N	L
A	O	S	T	E	D	G	F	E	G	X	T	V
L	M	S	O	J	A	N	U	A	R	S	A	D
G	M	H	B	X	E	Z	J	F	K	L	G	M
G	E	Q	E	C	R	E	J	O	H	R	W	V
N	R	M	R	E	S	Q	U	O	D	E	L	W
W	A	A	M	A	W	I	N	T	E	R	E	U
Y	A	P	R	I	L	Z	P	F	H	Y	N	G

Suchrätsel*

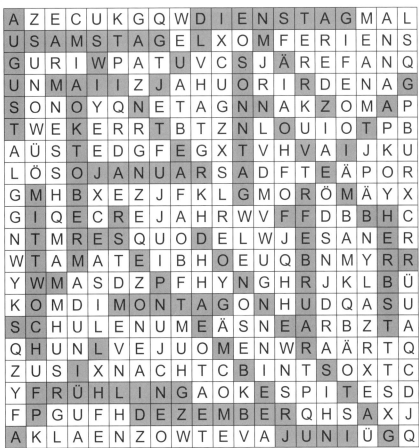

A	Z	E	C	U	K	G	Q	W	D	I	E	N	S	T	A	G	M	A	L
U	S	A	M	S	T	A	G	E	L	X	O	M	F	E	R	I	E	N	S
G	U	R	I	W	P	A	T	U	V	C	S	J	Ä	R	E	F	A	N	Q
U	N	M	A	I	I	Z	J	A	H	U	O	R	I	R	D	E	N	A	G
S	O	N	O	Y	Q	N	E	T	A	G	N	N	A	K	Z	O	M	A	P
T	W	E	K	E	R	R	T	B	T	Z	N	L	O	U	I	O	T	P	B
A	Ü	S	T	E	D	G	F	E	G	X	T	V	H	V	A	I	J	K	U
L	Ö	S	O	J	A	N	U	A	R	S	A	D	F	T	E	Ä	P	O	R
G	M	H	B	X	E	Z	J	F	K	L	G	M	O	R	Ö	M	Ä	Y	X
G	I	Q	E	C	R	E	J	A	H	R	W	V	F	F	D	B	B	H	C
N	T	M	R	E	S	Q	U	O	D	E	L	W	J	E	S	A	N	E	R
W	T	A	M	A	T	E	I	B	H	O	E	U	Q	B	N	M	Y	R	R
Y	W	M	A	S	D	Z	P	F	H	Y	N	G	H	R	J	K	L	B	Ü
K	O	M	D	I	M	O	N	T	A	G	O	N	H	U	D	Q	A	S	U
S	C	H	U	L	E	N	U	M	E	Ä	S	N	E	A	R	B	Z	T	A
Q	H	U	N	L	V	E	J	U	O	M	E	N	W	R	A	Ä	R	T	Q
Z	U	S	I	X	N	A	C	H	T	C	B	I	N	T	S	O	X	T	C
Y	F	R	Ü	H	L	I	N	G	A	O	K	E	S	P	I	T	E	S	D
F	P	G	U	F	H	D	E	Z	E	M	B	E	R	Q	H	S	A	X	J
A	K	L	A	E	N	Z	O	W	T	E	V	A	J	U	N	I	Ü	G	Q

 Elsbeth Gäumann/Sarah Wolfensberger: Die Zeit · 2./3. Klasse · Best.-Nr. 610 · © Brigg Pädagogik Verlag GmbH, Augsburg

Lösungen (S. 44, 45, 46)

Ein Tag im Leben von Cäsar Kunz

Meistens **wache** ich schon früh am Morgen **auf**.

Mein Herrchen **steht** erst später **auf**.

Meistens **führt** mich mein Freund Ben auf die Wiese und ich **tolle** dort ein bisschen **herum**.

Danach **bin** ich immer sehr hungrig.

Trotz des Bettelns **bekomme** ich erst um acht Uhr mein Frühstück.

Nach dem Frühstück **verlässt** meine Familie das Haus.

Damit **beginnt** der langweilige Teil des Tages.

Ich **suche** alles, was am Boden **liegt**.

Am liebsten **nage** ich an Schuhen.

Am Nachmittag **kommt** mein Frauchen endlich von der Arbeit zurück.

Wir **gehen** auf den lang ersehnten Spaziergang.

Manchmal **renne** ich mit den Kindern um die Wette.

Am Abend werde ich gestreichelt und verwöhnt.

Ich **schlafe** auf einer Decke am Boden.

Ein Tag im Leben von Cäsar Kunz*

Meistens **wache** ich schon früh am Morgen **auf**. Ich **bleibe** auf meiner Decke liegen. Sobald ich etwas **höre, springe** ich **auf** und **begrüße** mein Herrchen überschwänglich. Dann **stürme** ich in den Flur und **belle** laut. Jetzt **sind** auch die größten Schlafmützen wach. Meistens **führt** mich mein Freund Ben auf die Wiese und ich **tolle** dort ein bisschen **herum**. Danach **bin** ich immer sehr hungrig. Trotz des Bettelns **bekomme** ich erst um acht Uhr mein Frühstück. Nach dem Frühstück **verlässt** meine Familie das Haus. Damit **beginnt** der langweilige Teil des Tages. Ich **mache** mich auf die Suche nach allem, was auf dem Boden **liegt**. An Schuhen **habe** ich besonders große Freude. Im Garten **buddle** ich in der Erde oder **veranstalte** mit den Kindern ein kleines Wettrennen. Am Nachmittag **kommt** mein Frauchen endlich von der Arbeit zurück. Wir **gehen** auf den lang ersehnten Spaziergang. Am Abend werde ich gestreichelt und verwöhnt. Ich **schlafe** auf einer Decke am Boden.

Ein verkehrter Morgen

Eines Morgens läutet der Wecker. Müde schalte ich den Wecker ab und verkrieche mich unter die Decke. Plötzlich ruft mein Vater: Das Frühstück ist fertig! Schnell hüpfe ich aus dem Bett und ziehe meine Kleider an. In Windeseile esse ich das Butterbrot und trinke die heiße Schokolade. Danach nehme ich meine Zahnbürste und putze mir die Zähne. Ich binde meine Schuhe und schwinge meinen Rucksack auf den Rücken. Schnell öffne ich die Türe und steige auf das Fahrrad. Wie eine Rakete sause ich die Straße hinunter. Gleichzeitig mit dem letzten Gongschlag setzte ich mich auf den Stuhl. Uff, das war knapp!

Elsbeth Gäumann/Sarah Wolfensberger: Die Zeit · 2./3. Klasse · Best.-Nr. 610 · © Brigg Pädagogik Verlag GmbH, Augsburg